カッコよく年をとりなさい

グレイヘア・マダムが教える30のセオリー

はじめに

カッコいい大人の女性がたくさん増えると、日本も美しく豊かになる、と大それたことを思ってトータルビューティーサロンＫＡＷＡＢＥ《カワベ》ＬＡＢ《ラボ》を開き、約25年になります。私は素敵な女性の仕事仲間や友人たちに恵まれていたこともあると思います。年を重ねた彼女たちは、これまでの体験と経験値を生かし、その人らしい個性的な美しさを発揮し、凛として、自信を持った大人の女性たちです。また、人生１００年といわれる長寿時代に入り、健康で元気に過ごすために美容やファッションが、フィジカルにもメンタルにも大きく影響することを、私は仕事を通じ、身をもって体験してきました。

世の中の女性が一人でも多く、健康で美しく、自信を持って輝いていくことを支えていけたらと心から思い、日々サロンに立っています。

本書は50代からの女性誌「ハルメク」に連載した「マダムのつくり方」を元に、年を重ねて輝くための、グレイヘア、美容とファッション、生き方や暮らし方について新たに書き下ろしたものを加えてまとめました。手に取ってくださった皆さんのライフスタイルや趣味嗜好などは千差万別でしょう。一人一人違っても、年齢を重ねた自分との付き合い方、長所短所や個性の見つめ方、気持ちの持ち方は、共通点が多いと思います。本書をそれらのヒントに役立ててもらい、自信を持って前向きになっていただけることを願っています。

川邉サチコ

もくじ

CHAPTER 2

CHAPTER 5

PHOTOS BY

CHIGAYA KAWABE,

HIROHITO NAKANISHI,

SHINYA MOMMA

CHAPTER

1 ― グレイヘアという選択

街を歩いていて、若い方や大人の女性に
声を掛けられることが多くなりました。
まず、グレイヘアを褒めてくださるのです。
グレイヘア移行期の乗り越え方をはじめ、
健康でつやのある髪の育て方をお話しします。

新しいおしゃれの扉を開くグレイヘア

　都会の街中を歩いていると、素敵な白髪の女性とすれ違うことが多くなりました。その白く輝く髪は、漆黒や暗黒色や茶色の髪色の人が多い中で、ひときわ美しく目立っています。

　長い間、国内外のファッションショーを裏方で支えるヘア・メイクの仕事をしてきましたが、そこで出会う欧米の人たちは、実に軽やかに流行に合わせて髪色を変えます。コレクションシーズンになると、去年はブロンドだったモデルが赤や漆黒に髪を染めて現れたり。東洋とは違って、さまざまな髪色が存在する国の人々にとっては、漆黒色でないのがごく普通のこと。そのせいか、私は「白髪＝お年寄り」とは思えません。

ロングヘアと前髪を作るスタイルは、グレイヘアになってから。

髪の色が黒から白に変わると、今まで似合わなかったヘアスタイルや、着られないと思っていた洋服までもが似合うようになります。白髪はまるでブロンドのように扱えるのです。

30代の頃、当時トップモデルだった故・河原日出子《かわらひでこ》さんの髪色がまさにホワイトブロンドでした。とてもカッコよかったのを今も覚えています。無造作なヘアスタイリングに、オフホワイトやアイスグレーの服を合わせた姿が実にエレガントで、憧れたものです。

世の中では最近、白髪のことをグレイヘアといっていますが、私は〝ホワイトブロンド〟と呼びたいくらい。だって、その方が素敵だと思いませんか？

私が白髪染めをやめた理由

白髪染めをやめたのは、５年前です。それまでずっとセミロングのボブをアッシュ系ブラウンに染めて、カッコいいおばさんのつもりでいたのですが、あるとき娘（美容家の川邉《かわべ》ちがや）から、「もうイケてないよ」と言われ、それなら白髪にしたら自分がどう変化していくのか、試してみようと思ったのです。

しばらくすると、染めた部分と伸びてきた白髪との境目が目立ち始め、周りから「老けて見える」「変よ」などと言われるようになります。ここで多くの女性は、また染めちゃおうかな……とめげてしまいます。でも私は「私の好きでやってるんです！」と、開き直って乗り越えました。

ハリとつやがあり、毛量をキープしているのは、日頃のヘアケアのおかげ。

半年後、めげずにがんばって全体がほぼ白髪になったとき、予想外の事態が起きました。真っ白な白髪になるのを楽しみにしていたのに、私の白髪はかなり黄みがかっていたのです。〝自然な白髪＝エレガント〟というイメージだったけれど、私の場合は、自然なままの白髪はおしゃれじゃない、とわかり、少し手を加えることにしました。美容のお弟子さんに、真っ白にしてほしいと頼んでカラーリングしてもらったら、なぜかピンク系のブロンドヘアになってしまったこともありました。いろいろ試して、今はアッシュ系ブロンドの色を入れながら、ふんわりとまとめたアップスタイルに落ち着いています。

髪色が明るくなっただけでメイクも着るものも変化して、また新たな自分を見つけた感じです。街中で「素敵ですね」と若い人に話し掛けられたりして、それも楽しいものです。

実は、私の髪は100%白髪ではなく、サイドのもみあげと後頭部の下はナチュラルな地色の髪です。むしろ完全に真っ白という人の方が稀でしょう。白黒入り混じったミックスの髪は、色のバランスや白髪の出方が人それぞれ違い、それ自体「デザイン」のようなものです。さらに自分の白髪に合わせたヘアデザインをすれば、自分だけのカッコいいグレイヘアスタイルを楽しめます。

そして、常に「今の自分が旬」だと思って、この先、増えていく白髪とも、もっと前向きに付き合っていくことです。私も今のヘアスタイルで満足しているわけではありません。いずれ、明るい髪色だからできるセミショートヘアにも挑戦してみたいと思っています。

つややかで健康な髪を育ててこそ

グレイヘアに限らず、ヘアスタイルのおしゃれが楽しめるのは、〝健康な髪〟だからこそ。でも、このことに気を留めていない女性が多くいます。

顔は、洗顔料や化粧水、美容液、クリームの良質なものを選び、マッサージなどしませんか？　同じように、髪と頭皮も、良いシャンプーを選んで、正しく洗い、マッサージをして、もっと大切にしてほしいのです。

ここでは、私が続けてきたヘアケアをご紹介します。ちゃんとお手入れをすれば、1年後の髪のつややボリュームは、きっと変わってくるはずです。

まず、シャンプーは、頭皮と髪質に合うシャンプーを選ぶこと。一人一人、状態は違いますから、通っているヘアサロンで自分に合うシャンプーを尋ねることをお勧めします。

次に、洗い方。最初にシャワーで予洗いをする際、毛髪だけでなく頭皮までしっかり洗い流します。そしてシャンプーは軽く泡立てること。その泡で頭皮をマッサージするように、指の腹を使って洗います。特に顔の生え際、耳の回りの生え際は洗い残すことが多いので忘れずに。頭皮をしっかり洗うと毛先も洗えていますから、その後、十分にすすぎます。これも頭皮をしっかりすすぐこと。案外、すすぎ足りない人が多いので注意です。

しっかりシャンプーされているかどうかは、ドライヤーをかけたときにわかります。乾かす過程でにおいが立ってくるようでは、洗いもすすぎも足りていない証拠。

シャンプーの後、リンスやヘアコンディショナー、トリートメント剤を使う場合は、頭皮に付けないように毛

髪は根元から
立てるようにブラシを
入れてブロー。
マッサージとしての
ブラッシングも大切。

先に付けてから、髪全体になじませます。すすぎはしっかり、といわれますが、私はトリートメント剤が少し残る程度でやめます。その方が、髪につやとまとまりが出るので。

洗った後はタオルで水分をしっかり拭き取り、ドライヤーで頭皮を乾かします。乾きにくい襟足と後頭部から。自然乾燥は、頭皮が生乾きの状態になり、毛根に雑菌が繁殖して育毛を妨げ、薄毛の原因にもなります。また、つやを出すためには髪のブローが鍵。髪を根元から立てるようにブロー用ブラシ（デンマンブラシ）を入れ、ドライヤーをかけましょう。朝夜のブラッシングや、頭皮を軽くマッサージすることもぜひ。気持ちがいいし、これならいつでもできるはず！

たとえ今の髪がひどく傷んでいたとしても、今日からきちんと手を掛ければ、必ず健康な髪に変わります。

ヘアスタイルは〝ふんわり感〟が命

大人の女性に向けて講演会などを行うと、多くの方からヘアスタイルやヘアケアの質問をいただきます。「髪は女の命」と昔からいわれますが、実に真をついた言葉だと、80歳を超えた今こそ思います。年を重ねていくほど、女性の印象はメイクより、豊かなヘアスタイルで決まるからです。とはいえ、誰もが素敵に見える万能なヘアスタイルなんてありません。好みもありますし、今の自分に似合うと思えるヘアスタイルなら、それがベストです。

では、〝素敵〟と〝普通〟の境目はどこにあるのでしょう。それはずばり、自然な〝ふんわり感〟があるかどうか。ふんわり感は、肌のハリを失いくすんだ顔に陰影をつくってくれる役割もあります。でも私たち大人世代の髪は、年とともに細くコシがなくなっていくので、髪のスタイリングをする前に、ふんわり感をつくるひと手間が必須なのです。

そのために私が愛用しているのが、昔ながらのホットカーラー。ヘアアイロンも試してみましたが、やはりホットカーラーは、髪の根元からボリュームを出すことができますし、髪全体にカールが作れます。

ホットカーラーを使うときは、あらかじめ、くしで毛流れと毛先を整えます。そしてボリューム感やふくらみ、髪の流れの方向を意識して巻くと、自然にまとまりやすくなります。

カーラーをはずし、ブラシを入れずに手ぐしで髪全体にふんわり感を出したら、トップにふくらみを持たせます。そしてロングならアップスタイルなどに、ショートならトップのふくらみをキープしながら毛の流れを整えます。このふくらみが、加齢でぼやけてきた肌を優しく包み込み、その人を華やかに見せてくれます。ちなみにグレイヘアは、黒髪より毛の流れがよく見えるので、パサつきや毛の乱れがあるととても貧相に見えてしまいます。だから、スタイリングをする前のケアでつやをキープし、ブラシを入れないで手ぐしで自然に毛流れを整えることが、グレイヘアをおしゃれに見せる秘訣です。

スタイリングが決まったら、ソフトなヘアスプレーをひと吹きして生え際や毛先をキープ。清潔感がアップして、どんなおしゃれも健康的かつエレガントに見せてくれます。グレイヘアの人もカラーリングをしている人も、「年を重ねたら、髪型はふんわり感が大事」と心得て、髪にもっと意識を持ち、洗練された大人の女性を演出してください。

1

頭頂部と後頭部は、
大きめのカーラーで
根元を立てて、
しっかり巻きます。

2

サイドは
小さめのカーラーで
毛流れに合わせて
巻きましょう。

3

カーラーを外したら
手ぐしで髪を整え、
一つに束ねます。

4

バレッタでしっかり留め、
サイドの髪の流れをチェック。
洋服に合わせて
アクセサリーをつけたら
身支度が完成です。

バレッタで留めたときに現れる
毛流れの美しさ。
グレイヘアならではの
ナチュラルな造形美です。

グレイヘアは財産。楽しみましょう

まだ40代くらいの女性が、「早く白髪にしたいのですが、どうしたらいいですか？」と、私のサロンに相談に来られることが増えています。それくらい今はグレイヘアが注目されているし、〝カッコいい〟スタイルにもなってきました。

私たちはこれまでいろいろな人生経験をして、年をとってきました。それは財産です。財産を、生かすも殺すも、自分次第。年をとっちゃったから、もう年だから、なんて言っている暇はないと思います。それより、自分が今までやってきたことや、今の自分を、どう光らせるか、どう楽しむかが問題です。

グレイヘアも、その財産の一つ。髪の色は、街中や人の多いところでパッと目立ちます。目立つからこそ、カッコよく決めなければ損。
今の自分を、もっと楽しみましょう。

普段はほとんど、バレッタで留めた
アップスタイル。

バレッタは髪の色に
自然となじむものを。

グレイヘア 6つのセオリー

THEORY (1) 年を重ねるほど、
人の印象を決めるのは
ヘアスタイルです

(2) 白髪の出方は十人十色。
言い換えれば自分だけの
デザインを持っているってこと

(3) 髪色の変化は時間がくれた贈り物。
「今の自分が旬」と思って、
白髪も楽しんでしまうことよ

(4) 髪色が明るくなると
メイクも着るものも変化して、
新たな自分を見つけられます

(5) ヘアスタイルの
“普通”or“素敵”は
「ふんわり感」が決めると心得て

(6) グレイヘアは目立つのだから
カッコよく決めなければ損。
自分を楽しみましょう

CHAPTER

2

大人の美容

美容歴が約60年になります。その間、
数えきれないほどの女性たちに触れ、悩みに応え、
一人一人の美しさを引き出してきました。
その上で申し上げます。美容の本質は、
「自分を大切にすること」。

目指すはシワがあってもハリのある肌

20代、30代の肌は、化粧品や手入れの効果がすぐに表れます。疲れて肌荒れしても、一晩寝れば元の元気な状態に戻ります。でも、年齢を重ねていくにつれ、なかなかそうはいきません。だからといって「もう年だから」と諦めて、手を抜いてしまっては元も子もありません。

確かに若い頃と比べれば、同じケアをしても効果が出るには時間がかかるし、その割に手入れの時間は自分の動きが緩慢になることもあり長く感じるかもしれません。でも、見方を変えれば、その分、自分の肌や体とじっくり向き合うことができるということです。肌は、自分の大切な一部。丁寧に手入れをする時間は「自分自身を大切にしていく」時間につながっていきます。特にこれまで子育てに一生懸命だった女性は、家族のことを第一に考えて自分のことを後回しにしてきた人が多いはず。手入れの時間で、自分を大切にする気持ちを取り戻していってほしいのです。

大人にとっての美容は、実はこの「自分を大切にすること」が一番重要だと、私は考えています。これまで生きてきた時間は、良いことも悪いことも含めて自分のかけがえのない財産なのだから、それを肯定して、今の自分を誇りに思って大切にしましょう。

シワだって、長い経験が与えてくれた宝物の一つ。試行錯誤してシワ伸ばしなどで若づくりするより、シワがあっても柔らかくてハリとつやのある肌の方が、よほど若々しく、表情豊かな大人の美しさが出てくるのではないでしょうか。

部屋では自分が楽でいられるスタイルで。足元はレペットのバレエシューズ。

ピカピカの肌の要は「温冷洗顔」

肌のお手入れというと、「まず保湿」と考える方が多いのではないでしょうか。確かに保湿はとても大事。でも実は、肌づくりの要になるのは「洗顔」です。東西問わず美容では昔から「美の基本は洗顔にあり」といわれ、プロのエステティシャンも、特殊なマッサージ技術よりも正しく洗顔できる技術の方が大切とされています。

私も洗顔にはこだわりがあって、毎朝の洗顔は、蒸しタオルと氷水を使い、「温冷洗顔」をしています。

朝は洗顔料は使わず、まず、ぬるま湯で皮脂を洗い流します。それから蒸しタオルで顔を覆うように蒸し、さらに耳と首の後ろも蒸します。その後、氷水で肌を引き締めます。これを2回繰り返すのです。温冷の刺激を交互に与えることで血行が促進。代謝も上がります。肌は柔らかく、くすみがなくなり、目も覚めて気分も急にアップします。

本来の私は、何事も早く済ませないと気がすまないほどせっかちな気質なので、若い頃は洗顔に今ほど手間暇かけてはいられませんでした。5年ほど前にふと、祖母のことを思い出しました。祖母は90歳を過ぎても「温冷入浴」を実践し、顔も背中もピカピカに磨いていました。それで私は「温冷洗顔」を始めてみたのです。

「温冷洗顔」は、美容的な効果が高いのはもちろんですが、私が一番気に入っているのは、その気持ちよさ。朝、温かい蒸しタオルで顔と首の全体を包み込むと、フワッと肌も心も軽くなり、「おはよう!」「今日もがんばろう!」と、気持ちがシャキッとするのです。以来、私の朝の習慣になっています。

大人のスキンケアに必要な化粧品とは

女性は更年期頃から体調と体形が変化し、肌の調子も低下してきて、自信をなくす人が多いようです。私も母の介護や死が重なって、元気をなくした時期がありました。今も疲れたときなどに肌の調子が、がくんと落ちます。そんなときこそ、化粧品の力に頼るべき。今は化粧品も高機能化し、高価な化粧品には、短期間で効果を実感できる良いものがたくさんあります。自分に安心感を持たせてあげるために、上手に使いたいものです。

でも、年を重ねて、本当に大切なのは「ゆっくりと、時間をかけてお手入れをする」こと。私に効いているのは、〝時間という贅沢な美容液〟なのかもしれません。

本来、人の肌は、シンプルなケアでいいのです。その

肌を甘やかさないために
化粧品は定期的に
見直してみることも大切。
オールインワン美容液の
「セリジエ 美肌液」は
高い保湿力がお気に入り。

代わり、肌に意識を向けて、丁寧に触れてほしい。すると、例えば洗顔後の肌の乾燥に気付き、洗浄力の弱い保湿性のある洗顔料に替えることができます。日頃のケアを見直すことは大事。使っていて、自分が心地よいと感じるものに変えるだけで、肌の力はアップします。

もう一つ大切なことは、シーズンに合った化粧品を使うこと。冬の乾燥期は油分を含んだ保湿を十分に、夏は化粧水で水分をたっぷりなど肌の環境を考慮しましょう。

スキンケアは「継続は力なり」。長く続けていれば、その効果は必ず現れます。そしてゆっくりと、美しさをつくっていくのです。

前のページでご紹介した「温冷洗顔」を私が始めたのは、70歳を過ぎてからでした。洗顔法を変えたおかげで、肌のくすみが薄れ、ハリが出ました。

年齢ではないのです。思いついたらそのときが吉日だと思って、スタートすることです。希望を持って始めれば必ず成果は出ると、私は自分の体験から信じています。

洗顔後は水が肌に残っているうちに化粧水をたっぷり。水が水を引き寄せます。特に夏は肌の内側から乾いている方も多いので、ケチらず、たっぷり使って。

化粧水
水分を含ませるように。

口元やほうれい線回り、目元には美容液をしっかり入れ込みます。私は厚めに塗ってアイパックをすることもあります。

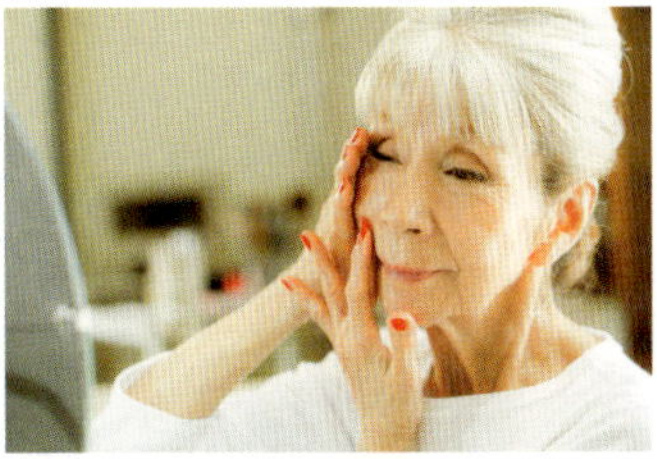

美容液
ほうれい線回りに
しっかり入れ込む。

クリームは、内側から外側へ引き上げるように入れます。強く引っ張らず、やさしいタッチで"引き上げる"ことを意識して。

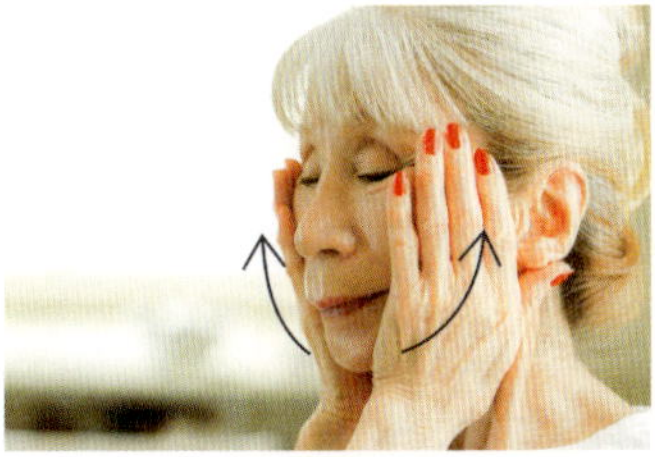

クリーム
やさしくすべらせて
頬を引き上げるように。

川邉家に伝わる美容マッサージ

美容家の義母は101歳で天寿を全うしました。最後まできれいで、元気で、耳も遠くありませんでした。その義母が続けていたのが、この美容マッサージです。夜寝る前に必ず100回していました。マッサージというと顔面ばかり気にする人がいますが、本当は顔の血流をよくする首から下の、デコルテからマッサージすることが大事。お顔がきれいでも、首の横ジワができると一気に老けた印象になりますが、このマッサージは首のシワ予防にもなります。

毎日続けていただけるように、簡単な3ステップにまとめました。1日2回で十分。1回でもいいし、テレビを見ながらでもいいので、やってみてください。

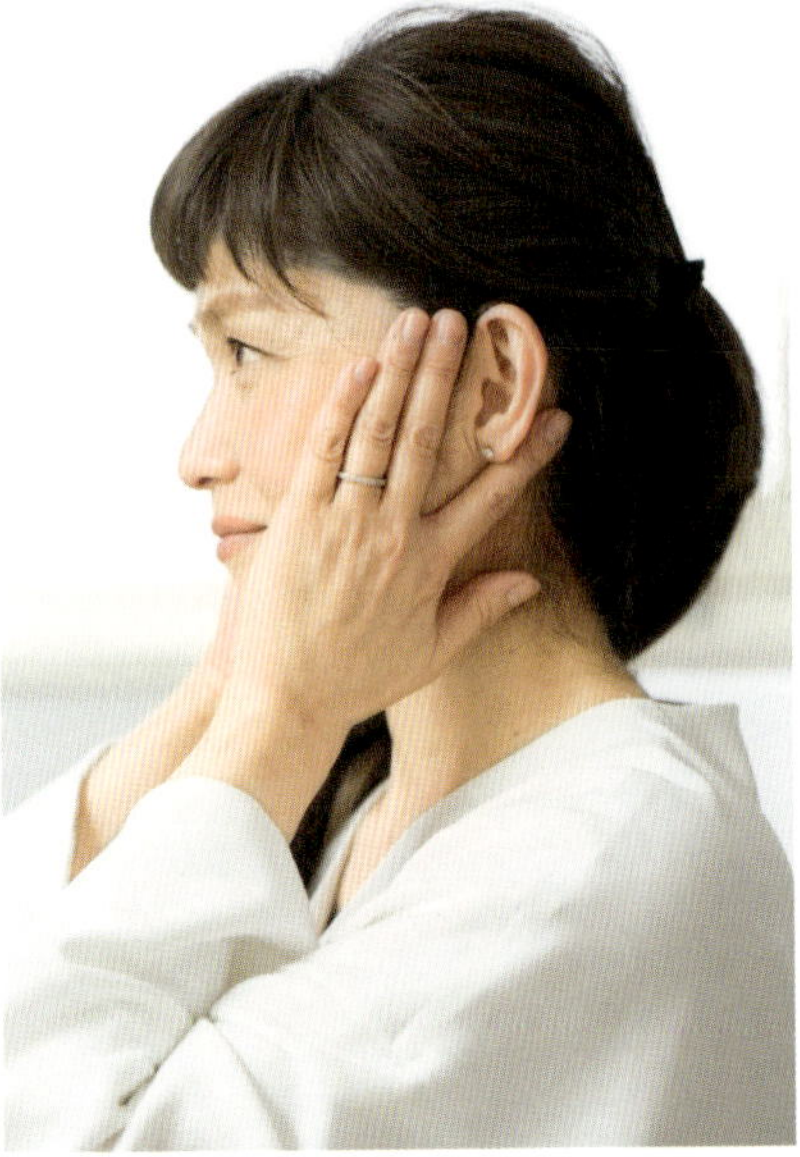

手は、人差し指と中指の間を開いたVの形にします。フェイスラインに当て、あごから耳へ向けて上げるようにします（写真上）。これを5回くらい繰り返します。

↓

次に、両手の平を小鼻の脇から頬にピッタリ密着させて、顔の真ん中から耳に向かって外側へ、ゆっくり滑らせます。顔にアイロンをかけるように行うのがポイント。これを3回くらい。

↓

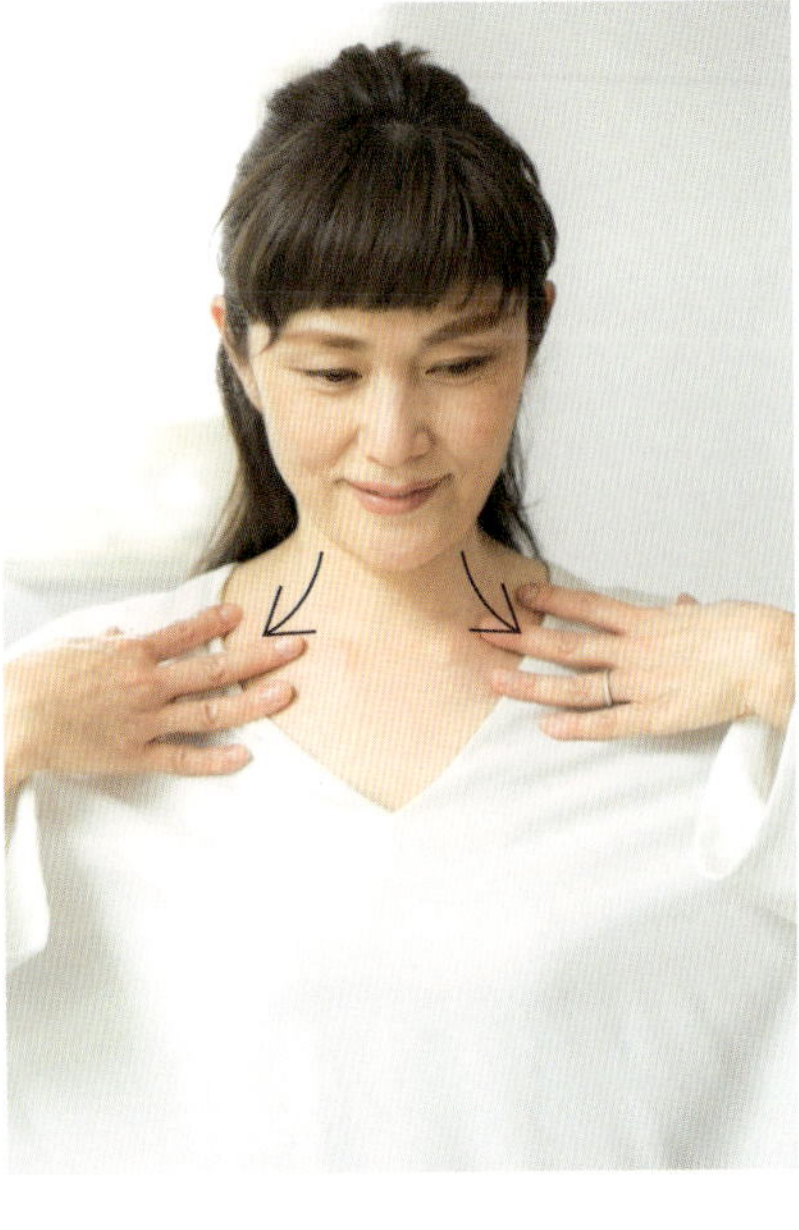

最後に、首のマッサージ。右の耳の下から鎖骨（写真下の位置）に向けて、血流を流すように、手のひらを首にピタッとつけて、ゆっくり。手のひらを交互に替えて3〜4回。終わったら左側も同じように行います。

※手に、オイルをつけて行うとすべりがよくなるのでお勧めです

元気ときれいはカレンダーが決める

50代になってから、もっと自分と向き合うため、仕事や行事以外に、「健康」と「きれい」を保つための予定も書き込めるスケジュール帳を使っています。健康でなければ、「元気」も「きれい」も手に入りません。でも、何かと忙しく過ごしていると、自分自身のことはつい後回しにしがち。気付くと、心にも余裕のないボロボロの自分に……なんてことになりたくない、と思って始めた習慣です。

健康診断や採血検査、眼や皮膚、歯などの定期的なチェックを忘れないよう、行けそうな日をスケジュール帳に書き込んでおきます。同様に、ヨガ、水泳、ウオーキングなど運動の予定や、髪や手、爪の手入れも記入。その通りに実行していくと、自然と良い状態をキープできますし、髪や肌の小さな変化にも敏感に気付くようになります。合わせてシャンプーや化粧品も、その時々の状態に合うものを上手に選ぶと、ヘアスタイル、メイクアップ、ネイルもより良い状態に変わってきます。

また、衣替えの時期や手持ちの服のファッションチェック、バーゲンセールの日時も忘れずにスケジュール帳に記入。ちなみに出掛ける日に着る服を早めに決めるのも私の習慣です。年とともに、若い頃に着ていた服が似合わなくなる時期はあるけれど、適度に新しいものを取り入れながら、新鮮に見える組み合わせを考えることで、たとえ数十年前に購入した服も、素敵によみがえらせることができます。

元気できれいに年を重ねるためには、衰えていくことを想定して、日々小さな努力を怠らずに実行することが大切です。「時間こそ命」。来年はもう一つ、きれいの情報をキャッチできる「旅」を予定に加えてみたいと思っています。

運動など、
3日坊主になりがちな予定も
書きだしておくのが
サチコ流。

スケジュール帳は、
フランス製のクオバディスのものを
約30年愛用。

大人メイク、実は〝唇〟がポイント

昔、外国映画のヒロインに憧れて、オードリー・ヘップバーンやカトリーヌ・ドヌーヴなどのファッションやヘア・メイクをまねたおしゃれが、はやった時代がありました。簡単にまねできるのはヘアスタイルですが、メイクアップのポイントをキャッチすれば、それらしい雰囲気は簡単につくれます。

一般的に、顔の印象を左右するのはアイ・メイクと思われていますが、実はリップ・メイクの方が重要です。唇のラインで、クールにもセクシーにも変えられ、口紅の色や素材で華やかさなどの印象を自在にコントロールできるからです。

年を重ねると、目力が弱くなるのは仕方ないことですが、おしゃべりをする口元は、変わらずよく目立つ部位です。目元は眼鏡やサングラスで上手にカバーし、その分、リップ・メイクにポイントを置きましょう。唇の形や厚みを整え、美しい色を重ねれば、表情はパッと明るくなるはずです。

中でもインパクトのある自分をつくることができるのは、赤系の口紅。私は、仕事など、ちょっとがんばらなければならない場面ではいつも赤系の口紅を選びます。赤を加えると自然と心もシャキッとし、仕事モードになれるからです。また、おしゃれして出掛けるときはローズ系、家でのんびりと過ごすときはオレンジ系と、3色をベースに、着るものや行く場所に応じてリップラインや塗り方にも変化をつけて使い分け、楽しんでいます。

実は若い頃は、口紅をつけるのが好きではありませんでした。でも、髪の色をグレイヘアにしてから口紅をき

娘のちがやと二人で
開発した口紅、
「セリジエ ティントルージュ」。
レッド、ローズ、オレンジ、
ベージュの大人に合う4色。

っちりつけるようになり、なりたい雰囲気を簡単につくれる口紅の効果を改めて実感しています。

あるとき、スポーツクラブの更衣室で印象的なおばあさんに出会いました。プールから上がって帰り支度をしていたその人は、とてもかわいいニットを着ていらしてノーメイクでした。そこへきれいなローズ系の口紅をサッと塗ったら、見事に〝完成〟したのです。思わず「すごくおしゃれ！　カッコいいですね」と声を掛けてしまったほど。１本の口紅で変わるリップ・メイクのマジックを目の当たりにして、私の気持ちまで楽しくなりました。

人から見られるときの印象だけでなく、気分も変えることができる口紅は、私たち世代の強い味方、必ず力をくれる大事なお友達なのです。

最後に、色選びは食わず嫌いをしないこと。私はピンク系が似合わないとか、絶対オレンジ系じゃなきゃダメとか、自分で枠を狭めてしまう人がいますが、ピンク系一つとってもグラデーションで何色もあるわけですし、本来どの系統の色も似合うのです。どんどん試して、洋服に合わせて口紅を選んで、楽しんでほしいと思います。

［サチコ流の口紅の塗り方］

年齢を重ねるとともに唇はやせてきて、縦ジワに口紅がにじんでしまいがちです。唇をふっくら見せながら、きれいに描くために重要なのが、ライン。ラインはリップペンシルを使いましょう。口紅より油分の少ないペンシルを使うと、にじみが出ません。

ラインは、上唇と下唇を1～2ミリ、オーバー気味に描きます。ほんの1ミリ程度でも、印象が全然違います。口角から真ん中に向かって描き、また、口角が少し上がって見えるように、上唇の端を少し上がり目に描くのがポイントです。

ラインが描けたら、唇全体に口紅を塗って、最後にティッシュで軽く押さえます。唇を立体的に見せたいときはグロスをのせると華やかに仕上がりますよ。

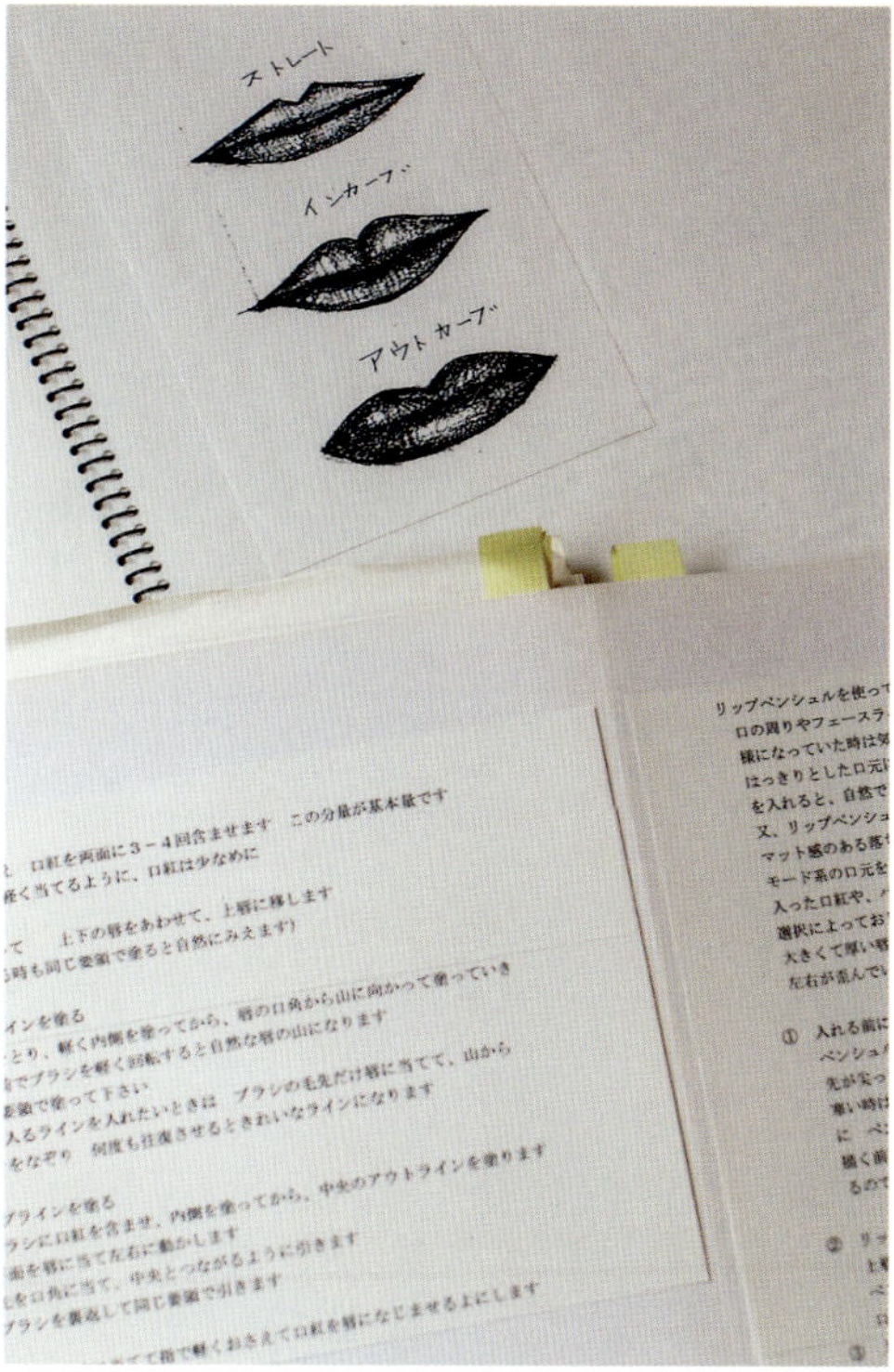

長年のメイク研究を
書き留めたノート。
ここから今のノウハウが
生まれました。

ピンクのニットに
ローズの口紅が鮮やか。
上品な色合いと発色が
気に入っています。

家で過ごす日は、
カジュアルな気分に
マッチする
オレンジ系を選びます。
一緒に写っているのは
愛猫のココちゃん。

仕事の日は、
鮮やかな赤の口紅を。
グロスを重ねづけし、
つやも出します。

大人の手にこそ明るい色のマニキュアを

爪まできれいに手入れをした手足は、女性の動きを優美にします。特に手は、自分自身で確認できるので、自然に動きも美しくなり、気分もアップします。また指先は、他人の目を留める場所。お茶を出したり、書類や物を出したり、エレベーターのボタンを押すときなど、人の目に触れた瞬間に、その人のおしゃれに対する感覚や清潔感が垣間見えるのです。

私の手は骨ばっていて美しくありません。母から「かわいそうな手ね」と言われたこともあり、若い頃からコンプレックスがあります。でも、私の職業は、手が大切な道具。お客さまの目に触れるので、ケアはもちろん、爪には明るい色を塗って手が少しでも美しく見えるようにしてきました。
最近は、他人の目を気にするというより、楽しむために新しい色や塗り方を工夫しています。手の肌色も年とともにくすみますが、手に似合う色や形におしゃれ感があれば見違えるほど美しく見え、気分も晴れやかになるからです。

昔から愛用しているのは、クリスチャン・ディオールのネイルマニキュア。大人の肌色に合う美しい色を提案してくれています。塗るときは、はじめにフェイスタオルを用意して、縦長に二つ折りし、くるくると3回ほど巻きます。その上に塗りたい方の手を乗せると、ちょうどよい台になってくれ、指先の緊張感が抜けるし、何よりマニキュアが塗りやすいのです。

とはいえ、マニキュアを塗るのを習慣づけるのは実は意外と難しいものです。うっかりマニキュアがはげた状態は生活感が出てしまい、美しさも半減、頻繁に塗り替えなくてはならないと思うと億劫になってしまいます。

ネイルを保護したり色持ちよくするためには、マニキュアを塗る前にベースコートを、仕上げにトップコート

ハイビスカスの季節、
花の色と同じ赤いマニキュアで
気分を上げて。

を塗ること。きれいに仕上がる上、乾きが早く、長持ちします。私は「O・P・I」の速乾力のあるトップコートがお気に入りで使っています。

マニキュアを塗ることに集中していると、無心になって、不思議と満たされた気持ちになれます。こんなふうに大人の女性の心に充足感をもたらしてくれる、時間そのものも好きなのです。

くるくる巻いたタオルの上に
手を乗せると、
指先がリラックスし、
塗りやすい。

愛用しているO.P.Iの
トップコートや
爪専用のオイル。

長年好んで使うネイルカラーは
クリスチャン・ディオールのもの。
大人に合う色がそろいます。

眼鏡は、大人のアイ・メイクのひとつ

年をとれば誰にとっても必需品になる老眼鏡ですが、なぜ〝老〟なんて文字を付けて呼ぶのかしら？

今はデザインも豊富にあり、選ぶ楽しさがあります。

私は眼鏡が大好きです。眼鏡はアイ・メイクと同じで、なりたい自分に変身させてくれるからです。子どもの頃、文字がよく見えないとうそをついて眼鏡を買ってもらったこともありました。

アイ・メイクでは、目元の印象を変えるためにさまざまな道具を使いますが、眼鏡は、フレームの色や型、太さがアイシャドウやマスカラの代わりになり、掛けるだけで目元に立体感がでます。

特に、少し個性的でインパクトのある眼鏡を掛ければ、

眼鏡は大人の女性の必需品。だからこだわりたいし、楽しみたい。

アイラインやシャドウを強く際立たせなくても、若々しく、パワフルな目元をつくることができるのです。目力が年々弱くなってきた方にも強い味方になるはずです。その際、フレームの色は、落ち着いたものを選ぶのがおすすめ。フレームの色が顔に与える効果はアイシャドウと同じですから、自分の肌色や髪の色になじむものを選ぶことで、個性的な形でも違和感なく掛けることができます。

今、とても気に入っているのは、グリーンの迷彩柄のレイバン。若い人にもよく褒められます。

私はブティックに行くように眼鏡店へ足を運び、そのときは新調しなくても旬な眼鏡を見るようにしています。眼鏡はファッションの一部で流行もあるからです。選ぶときは、今の自分に似合っているか、掛けていて心地よいかをチェック。鏡に全身を映して、バランスを見ることも忘れずに。気に入って購入しようと思ったときは、客観的に見て似合っているかどうかを言ってくれる、信頼できる人と一緒に行くと安心です。今度はフレームのない眼鏡を探しに行こうと、ひそかに思っています。

コレクションのほんの一部。
メイクをするより簡単に
イメージを変えることができます。

個性的な眼鏡はアンティーク。

しゃれた迷彩柄のレイバン。

細いフレームはエレガントを演出。

華やかなフォックスタイプ。

美容 6つのセオリー

THEORY (1) 肌にいい習慣を思いついたら
何歳だろうと始めること。
必ず肌は応えてくれます

(2) 元気できれいに年を重ねるコツは
衰えていくことを想定して
計画的に小さな努力を実行すること

(3) 肌に意識を向けて触れる
時間が効果を生むのです。
時に高価な化粧品よりもね

(4) 肌にハリとつやがあれば
シワさえも輝いて美しい。
若々しさとはそういうこと

(5) メイクを一つ選ぶとしたら、口紅。
年齢を重ねるほどに
印象も気分も明るくしてくれるから

(6) いずれ必需品になる眼鏡を
アイシャドウやマスカラ代わりに
使わない手はない

CHAPTER

3

おしゃれの本質

おしゃれや美容は、
女性を即、元気にしてくれる特効薬。
今の年齢だから似合うファッションがあります。
体形や他人の目を気にせず、
自分にとって心地よいおしゃれを楽しむことよ。

今の年齢だからできる着こなしとは

ニューヨークのおしゃれ上級者、しかも全員60歳以上という女性たちのスナップを集めた写真集『アドバンストスタイル』（２０１３年、大和書房刊）の影響もあり、私たち世代にも個性的なおしゃれマダムが増えてきました。中でも目を引くのは、清潔感のある上質な装いをしている人。加齢による変化を上手に生かし、上質な大人の女を演出しています。

私は肌感や体形に変化が出始めた頃から、美容やファッションのテクニックを見直し始めました。まず眼鏡を使い始めたのを機にメイクアップを変え、赤い口紅をおしゃれに使えるようになりました。

ファッションは、若い頃はメンズライクな服を好み、スーツにシャツなどマニッシュなスタイルが私の定番でしたが、白髪染めをやめてグレイヘアに変えたことで髪の流れが美しく出るようになり、ロングヘアに。顔の表情が優しく見える自然なアップスタイルにすると、メンズライクな服より女性らしい服や小物が似合うようになり、今まで見なかった新しい私を発見できました。

靴もそう。昔は美しいラインのヒールなどをよく履きましたが、今は、歩きやすく履き心地のいいフラットな靴やスニーカーが気分。エレガントにコーディネートし、さっそうと歩くのが大人のカッコよさだと思います。

美しく年を重ねていく上で大切なのは、体が欲することを素直に受け止め、今の自分に心地よい着こなしを見極めていくことです。またそれは、若い人には絶対にマネのできない、大人だからこそ着こなせるファッション。自信を持って楽しんでいきましょう。

身に着けると元気になれる赤。どこか1か所に取り入れるのがコツ。

20代の頃から愛用のジャケットと、
ユニクロのジーンズ、
Tシャツを合わせて。
イッセイミヤケの小さなバッグを
首からさげて軽快に。

冬のファッションの
お気に入りといえば、
足さばきが軽やかになるミニスカート。
ロングブーツと合わせ
コートを着れば暖かい。

宝石に負けないスカーフの魅力

シルクや軽やかなシフォン、麻など、見た目は軽やかだけど首に巻けば暖かい、美しいスカーフたち。鮮やかな色や華やかな柄物を選べば顔色も明るく見えるので、私は実用とおしゃれのアクセントとして使っています。

実家がハンカチやスカーフの卸問屋で、母がスカーフを一枚の布として上手に使いこなすのを見て育ったこともあり、スカーフへの愛着が強いのでしょう。素材や絵柄など、そのスカーフの持ち味を生かしたいという思いから、スカーフを小さく畳み込んで巻き付けるより、さらりとさりげなく巻く方が好きです。

他にも、バッグに結び付けたり、日差しや強い風には頭や体を覆ったり、さまざまな場面で役立てています。

3枚のバンダナを
つなぎ合わせたストール。
端を1cm重ね合わせて
まっすぐ縫っただけ。

春の花と虫たちを描いた
グッチのスカーフは、
もう40年の付き合い。バッグに
結び付けてアクセントにします。

旅行の荷造りの際は、衣服や下着をスカーフで包むとしわにならず、トランクにも無駄なスペースをつくらずにうまく納められて便利。旅先で荷ほどきした後はスカーフとして使います。古くなって使わなくなったスカーフ

右ページのお手製ストールを
さらりと掛けて。
ちょっとした工夫で楽しめるのも
スカーフやストールの魅力。

は、小物入れやクッションカバーに作り変えたりします。

最近気に入っているのは、３枚のバンダナを縫い合わせて作ったストールです。デニムとカットソーのシンプルな装いのときにサッと首に掛けると若々しく見え、肌触りもよく、気分がはつらつとしてくるのです。きっとこのストールには、既製品にはない手作りならではの味があるのでしょう。皆さんに、どこで買ったの？　と聞かれたり褒められたりすることが多く、それもまたうれしいことでもあります。スカーフにも流行はありますが、若い頃に手に入れたものも、今見直すとまた愛おしい。何十年経っても美しさが古びないことも魅力です。

スカーフは宝石に負けないくらい、その人を輝かせるチャーミングなアイテム。これからも身近にある美しい一枚の布として、自分らしいスカーフのおしゃれを楽しみたいと思っています。

女性らしいワンピースは、黒の麻のスカーフで引き締めます。

バッグは小さく、アクセサリーは軽く

私たち大人世代がアクセサリーを身に着ける上で大切なのは、「自分を元気に、きれいに見せられるか」です。当たり前のようで、意外とこの視点を忘れている方は多いのではないでしょうか。例えば、私は、少し顔色がすぐれない日は、元気に見えるデザインや赤い色のイヤリング、指輪などをプラスします。なんとなく疲れている日は、ゴールドやシルバー、天然石など、輝きのあるアクセサリーで補います。このように選ぶと、今日の自分を元気にするための助けになってくれるのです。

「年を重ねたら本物を」などと言われますが、私は気にしません。むしろ最近の若者ブランドの、今風にアレンジしたアクセサリーには、安価な割に色や質感が良いものが多くあります。しかも着け心地が軽い。その点では、むしろ私たち世代向きと言ってもいいくらいです。

バッグは、小型なタイプが大人のおしゃれの必需品。元気で若かった頃はあれこれ荷物が多く、大きめのバッグを選んでいました。でも今は、重いものを持ちたいと思いませんし、どうしても必要な財布、鍵、スマートフォン、口紅、鏡が入るくらいの、小さめで使い勝手のよいバッグが断然いい！

最近お気に入りのショルダーバッグには、大切な必需品と、あとは折りたためるトートバッグを入れてあります。買い物をしたときは、そのトートバッグを出して、ショルダーバッグと二つ持ちすればＯＫ。こんな軽快さも、大人のおしゃれの一つではないでしょうか。

ファストファッションのお店で買ったネックレス。
軽くてデザイン性もあり、
身に着けているとよく褒められます。

このくらい小さなバッグでも
必要最低限のものが入ります。
あとは携帯用バッグ(緑)があれば十分。

帽子をヘアスタイルの一部にするコツ

上手に手入れをしていても、私たち世代の髪はやせて細くなっているため、スタイリングが思い通りにまとまらないことも常。そのようなときに帽子とウイッグは便利な小道具です。特に帽子はかぶるだけでおしゃれに変えてくれる、不思議な存在感があります。

帽子を選ぶときは、気に入った型からどんどん試して、帽子に慣れることが大切といいます。思い起こせばコレクションのフィッティングでは、シンプルな服のとき帽子を加えると一気に服が息づいて華やかになりました。また帽子と髪の流れやまとめ方で顔に陰影がつき、フェイスラインがシャープに見えて洗練された女性に仕上がりました。

ヘアスタイルが崩れてしまわないためには、少し大きめのサイズをかぶることがコツ。帽子がヘアの一部になるようなバランスを見つけて、服と一体化しておしゃれ感が出たら成功です。

という私は、実はつい先頃まで帽子が苦手なアイテムでした。帽子のデザイナーに勧められて何度もトライしたり、帽子が大好きな娘の帽子扱いを見たりしていましたが、なぜかしっくりこなかったのです。最近になって、自分がオーダーした帽子を娘のアドバイスでかぶってみて、改めて私たち世代のおしゃれアイテムであることを再認識したところです。髪と同化するくらいの、地味だけど髪となじませて使ったときに、ちゃんと自分に華を添えてくれる、そんな帽子を選んでいます。

オーダーしたベルベットの帽子。派手ではないけれど、かぶると華やかになります。

着物で粋なひとときを味わう

着物は大人の勝負服。日本人を一番美しく見せてくれる衣装です。私はお正月や忘年会などの集まりのときに着ることが多いのですが、夏の着物も大好きです。

夏の楽しみといえば、私にとって幼い頃からなじみ深いのが、隅田川の花火大会です。かつては「両国の川開き」と呼ばれ、納涼期間の初日には、隅田川に多くの屋形船が浮かび、川沿いにはずらりと桟敷《さじき》が並んで、東京の夏の夜を楽しむ人々でにぎわいました。子どもたちは夏休みの前触れのようにワクワクと心躍らせながら、花火大会を待っていたものです。その花火見物に、当時の粋な江戸前の女性たちは、絽《ろ》や紗《しゃ》、夏結城《ゆうき》を涼しげに着て、凛と美しく装っていました。

私の夏の着こなしも江戸前です。例えば白地の夏結城には、花火の絵柄の黒の帯。黒のあられの絽には、白地に麻の葉の帯。半衿は、白絽でパリッときめるのが江戸前の着方です。下駄は母の代からひいきにしている銀座の「阿波屋《あわや》」であつらえて、扇子は浅草の「文扇堂《ぶんせんどう》」。

江戸前に着物を着たときは、下駄に素足、ヘアスタイルもさりげなくラフにまとめ、小粋なかんざしを一つ。真っ赤なネイルと〝ペディキュア〟をポイントに効かせます。

着物というと身構えてしまう人が多いかもしれませんが、所詮は着るもの。私は自由に楽しんでいいと思っています。着物が日常着だった祖母や母の時代には、個性的でその人らしい創意工夫が込められた、着こなしのカッコよさがありました。

私もこれからは、もっと気楽に、たくさん着物を着ようと思います。夏の夕暮れに、涼しげな着物を粋に着こなす女性の姿を、日本の文化として残していけたらと願っています。

扇子を買うなら、
浅草の「文扇堂」と決めている。
鮮やかな和の色合いがきれい。

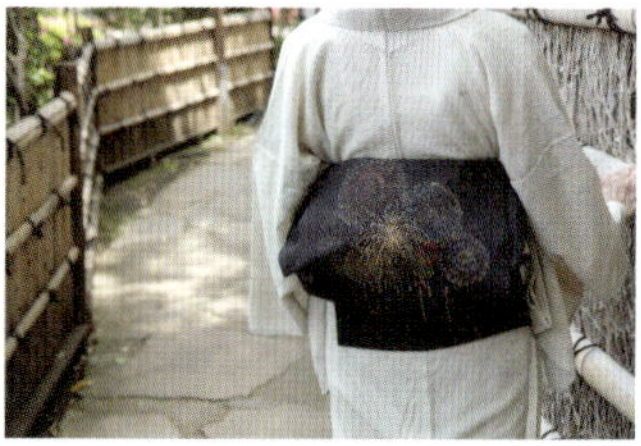

白地の棒縞の夏結城。
合わせる帯は、
花火の絵柄を。

下駄は銀座の「阿波屋」で。
母の代から
ひいきにしているお店です。

白地に麻の葉が描かれた帯が爽やか。角出しに結んで粋に。

お正月は、
光沢のある色無地の着物に
おかめの絵柄の帯（写真下）を合わせて。
髪はラフに束ねたアップスタイル。

着物に合わせて、
素足で下駄を。
メイク、髪のまとめ方、
眼鏡も変えて。

集めてきた数々のかんざし。
右ページの写真のかんざしは
古美術店で見つけたもの。

ファッション 6つのセオリー

THEORY (1) 年を重ねるほど
体が欲することを素直に受け止め
心地よい着こなしを見極めて

(2) もはや帽子はヘアの一部。
ヘアスタイルを崩さないように
少し大きめを選ぶのがコツ

(3) 宝石に負けないほど
自分を輝かせてくれるスカーフを
もっと身近に楽しむべき

(4) 色、質感、輝き。身に着けて
元気に見えれば、それが
本当に必要なアクセサリー

(5) 高価な服を着るよりも
歩き方を見直すだけで
美人度は3割増しよ

(6) 肌や体形に変化を感じたら
ファッションは
清潔感を軸に見直してみる

CHAPTER

4

暮らしの美学

毎日の習慣が、美と健康をつくります。
無理をせず、長く心地よく続けていくためには
ストイックになりすぎず、甘やかしすぎず、
自分を自分でコントロールすること。
私はずっと、そうしてきました。

自分を上手にコントロールする

毎日毎日、していることが積み重なって、私たちの体は出来上がっています。健康はすべての基本。健康でなければ、おしゃれも楽しめないし、美しさも育てられません。時々エステに行ったり、時々ジムに行ったりではなくて、毎日小さなことを積み重ねてやっていくことが大事だと、今の年齢になって痛感しています。

私は40歳から週に2~3回の水泳を続けています。ウオーキングも毎朝40分。歯を磨くときに立ったままかかとを上げ下げするのは子どものときからです。ヨガは月に1度ですが、家でリラックスしているときに自然とヨガポーズをとって体を動かしています。

食生活は、以前はすごく気を付けて、玄米食にしたり体に良いといわれるものを食べたり、いろいろやりました。でも、その結果、ストレスがたまりました。くるくる変わる健康情報に振り回されるのは、やってられない、と思ったのです。楽しい場所やおいしいものを食べに行って、これは食べてよい、それはダメ、なんていうのが本当に嫌になったのです。

今は基本は守っても「自分を自由にしてあげる」ことをモットーにしています。運動するスケジュールは決めていますが、運動量は自由。水泳でいえば、その日の気分と体調で1キロ泳ぎたかったら泳ぐし、体調が悪いときやどうしても気分が乗らないときは中止。自分でコントロールができて、自由に長く続けられるものを見つけることが、体づくりの習慣につながるのだと思います。

また、声にハリがあると褒められることがよくあります。それは、「私は元気！」と自分に言い聞かせてしゃべっているようなところがあるからかもしれません。お客さまを迎える仕事ですから、元気がないのは失礼です。元気がないときほど、自分に課しています。

自分をコントロールしていくことって大事。人間って、そもそも自分に甘いもの。時々は甘やかしてもいいのだけれど、年中甘やかしていたらダメですよね。自分で上手にコントロールすることを覚えるといいと思います。

食事は気分を盛り上げる演出を

朝食は、一日の中で最も大切にしている時間です。季節の野菜と果物とチーズ、粉末コラーゲンとハチミツとシリアルを入れたヨーグルト、それにコーヒーと、メニ

自分の体と向き合うために、
毎週続けている水泳。
もう40年になります。

ューはあまり変わりませんが、器はその日の気分に合わせて変えています。

器の使い方に決まりごとはなく、洋皿の上に和皿を重ねたり、ちょっと大きめのカップや湯飲みに、ヨーグルトや果物を盛り付けたり。食べ物がおいしそうに見える組み合わせを考えます。普段は猫と私だけの生活。一人で食事をするときでも、ランチョンマットや漆器、生木のお盆を使い、テーブルセッティングを楽しみます。

東京の下町で、大人数の中で育ったせいか、人を招いておいしいものを皆で楽しむことが、今も好きです。そのときは一つのお盆の中に季節やテーマを盛り込んで、小さな世界を作ります。銘々の席には、お皿を重ねておもてなし。見た目が華やかになるだけでなく、何度も台所へ行き来せず、皆と会話を楽しめるので、実利的でもあります。

1970年代、私が30代の頃は、日本は外国文化一色でした。一方、海外のファッションデザイナーなどクリエイターたちの多くは、日本の調度品をはじめ、東洋の美術品に注目していて、甲冑《かっちゅう》をインテリアに上手に飾る

食べるものが体をつくる。だからしっかり、おいしく、いただきます。

など、既成概念のない、自由で絶妙な使いこなし方を見て驚きました。それまで見過ごしていた和の魅力を改めて実感したのもこのときです。異文化の中で一層輝きを増した和の魅力を目の当たりにし、日本の美のこの上ない奥深さと素晴らしさを思い知ったのです。

その後、私はハレの日にしか使わないような和の道具を、もっと日常的に使いたいと思うようになりました。多くの人に和の魅力を身近に感じてほしいと、漆器や着物などの企画をし、製品化したこともありました。

人は習慣にあり。習慣の積み重ねが人をつくります。表面的な若さや美しさだけではない、内面的な美しさを磨くことで大人の美しさは一層輝きます。そのためにももっと日常を大切にし、自分を楽しませる工夫を怠ってはいけないと思うのです。日常を楽しむことで心が豊かになり、若々しく生きるコツが見えてきます。

女性の美しさは歩く姿から

街中で、背すじをピンと伸ばして、さっそうと歩いている女性を見掛けると、自分の歩く姿が気になります。人の美しさは、高価な服を着ることなどより、歩く姿で決まります。「老いは足から」とよくいいますし、若々しく美しく生きるためには、足腰を鍛えていかなくちゃ。

実は私は、若い頃は歩くのが苦手で、10分歩くのさえも嫌でした。けれど今は、長距離でも歩けるようになりました。きっかけは40代の頃、トライアスロンをやっている友人に誘われてウオーキングを始め、正しい歩き方を教わったことです。

ポイントは、まず、片足をつま先から踏み出してかかとから着地すること。重心を足の裏全体で受け止めて歩きます。歩幅は心持ち大きめに、腕を振って歩くと自然に姿勢も良くなります。正しい歩き方を身に付けてからは、足に筋肉がついて太ももが引き締まり、腰回りも安定し、背すじが伸びてきました。以前よりハイヒールは似合わない脚になってしまったけれど、年を重ねたら、きゃしゃな脚よりしっかり歩ける脚の方が断然いい。姿勢良く、軽やかな足取りで凛として歩く姿は、ハイヒールに勝るカッコよさがあるからです。

以来、ウオーキングは日課になり、天気のいい日は毎朝40分と決めて歩いています。疲れ過ぎず、きつくもなく、これが私のちょうどいい時間。よく晴れた気持ちのいい日は、朝から開いているカフェに立ち寄って、ゆっくりお茶を飲むこともあります。こうして、時には気分転換も交えながら楽しむことで、無理なく習慣になりました。

楽しむためにも、靴以外のファッションはウオーキング用と決めず、気分に合わせていろいろなアイテムを組み合わせます。長距離をがんばって歩くより、少しだけおしゃれに気を使って、気持ちよく風をきって軽やかに歩く。私なりのウオーキングは、日々をより充実させてくれる大切な時間です。

靴と帽子はナイキ。グローブは
真夏以外必携。ポーチにはお財布と
携帯電話だけを入れて身軽に。

ウオーキングを終えたら、
お気に入りのカフェで一休み。

癒やされる香りをいつもそばに

香りで、過去の出来事を思い出す経験はありませんか？　私はバラの香りをかぐと、不思議といつも幸福な気分になるのですが、もしかしたらバラの香りは、誕生日などお祝いをしてもらったときの記憶と結びついて心に残っているからかもしれません。今も花屋に行くのが好きで、よく立ち寄ります。「家に連れて帰りたい」と思う基準はその時々で変わりますが、香りが気に入って連れて帰ることはしょっちゅうです。家の中でほのかに漂う香りは、生花の色や形の美しさも相まって、心を癒やしてくれます。

五感の中でも嗅覚は、年とともに進化する感覚だと私は思います。さまざまな香りの経験が積み重なって、自分にとっての心地よい香りというものに、より敏感に反応できるようになっているのかもしれません。

オーデコロンやパフュームは体臭に合った香りを選択するものですが、私はその日のファッションに合わせ、仕上げに香りを使い分けています。性別や世代を問わず、使いやすいのが柑橘系の香りです。他の人とすれ違ったときにフワッとさりげなく香る程度に付ける。それが大人らしい、おしゃれな楽しみ方だと思います。

また、以前プレゼントされて使わなくなった香水は、専用のスティックを差し、ベッドサイドに置いています。夜、寝室に入ったとき、ベッドで寝返りをうったときなど、部屋の空気が動く一瞬、ほのかに香ります。それがとても懐かしさを感じる香りということもあって、体調がすぐれないときなどは、心がほぐれて痛みも和らぎ、安心できるのです。

香りにはさまざまな効果がありますが、大切なのは、自分にとって心地よい香りを選ぶことだと私は思います。そして、その香りをいつもそばに置き、感じながら過ごすことが、心と体にいい影響をもたらす。それもまた、確かなことです。

女性にとってバラはやっぱり
特別な花。私は
クラシックな色合いが
好きです。

お気に入りの生花店
「イクス フラワーショップ&ラボラトリー」で
買ってきた花をリビングに。
自分のいつも座る場所の
そばに飾ります。

香水を置いたベッドサイド。
近づくと
ほんのりと香ります。

部屋の模様替えと季節のしつらい

我が家の部屋の雰囲気をつくっているものは、和の漆器や中国の食器、韓国の家具、スウェーデンの椅子、アメリカン・ポップアートなど、さまざまなものたち。以前のように物を増やさない代わりに、室内の模様替えをよくします。ソファやテーブルなどの大物インテリア、背丈を超えるほど成長した観葉植物の大きな鉢も動かすので、それだけで部屋の雰囲気ががらりと変わって、気分転換になります。インテリアを動かすと、同時に部屋の隅の掃除もできるので一石二鳥です。

季節のしつらいも取り入れて楽しみます。例えばお正月。この行事を彩るのに我が家で欠かせないのが、水引です。きっかけは、昔、友人で挿花家の栗崎昇《くりさきのぼる》さんにお

約2mの紅白の水引を大胆に束ね、天井から吊るします。

シャンパンで祝う川邉家の新年。一つずつ手作りする箸袋には、
おもてなしの心を込めて干支の文字を書き添えます。

人を呼んでの食事は大好き。テーブルセットは彩りの組み合わせを
楽しみながら、和と洋の食器を取り入れて。

娘からプレゼントされた東洋の陶器の人形も、しっくりなじみます。

正月の花飾りを作ってもらったことでした。彼は太い青竹に新芽の出始めた柳を生けこみ、紅白の水引を添えて飾り付けてくれました。シンプルだけど存在感のある花飾りは実に見事で、洋風のリビングが一気にお正月ムード満開になったのです。水引の飾りとしての効果と美しさに改めて気付かされました。

飾り方は簡単です。リビングや玄関の花飾りに添えたり、門松に結び付けたり。洗面所に置く小品の花にも束ねて添えると、いい雰囲気が出ます。水引は、漆器や陶器などと相性がよく、それぞれの美しさを引き立て合い、お正月らしさを演出しながら、モダンにまとまるところが気に入っています。

でも、結局いちばん部屋の雰囲気を決定づけるのは、人。女性は〝歩くインテリア〟。家の中にいるときは、いつもちょっときれいにしていたいものですね。

いつでも旅に出られる自由な心を持つ

旅は、非日常的な経験や出会いがあり、新鮮な発想が生まれ、自分をリフレッシュさせてくれます。言ってみれば、旅は私のカンフル剤です。思い立ったらすぐに旅に出たいと思う、自由な心がなくなると、気分や生活が老け込んでいきます。

旅というと観光や美術館、ショッピングが目的になりがちですが、私はその土地の日常や文化が垣間見えるものに出合えたときに、心動かされます。

私の旅先は、仕事で行ったところがほとんどです。おかげで、その時代のはやりの場所や観光では入れない場所、新しいレストランなどへ行くチャンスに恵まれました。特に食文化に興味があった私にとって、異国のレストランや家庭は刺激的な場所でした。郷土料理を初めて味わう楽しさだけでなく、食材の組み合わせや食器の使い方にも驚きがあり、ワクワクしたものです。

今も我が家で愛用している銀食器やナイフ、フォークなども、そんな出合いの中で見つけたもの。手にするたびに思い出がよみがえり、楽しい気持ちになります。

プライベートでは、アフリカで見た燃えるように真っ赤な大きな太陽も思い出の一つ。また、娘の大学卒業のお祝いに二人でヨーロッパへ旅行したことが印象に残っています。親戚がパリに在住していたので、パリを拠点に、娘の行きたいところや観たいものを話し合いながら、フランス、イタリア、イギリスを周りました。このとき、当時のパリのシャルル・ド・ゴール空港のロビーで娘が、「大人の女の人がカッコいい」と何気なく言った一言にハッとしたのを、今も覚えています。

猫のピアスとブレスレットも
旅先で出合い、
連れて帰ってきたもの。

忙しくても、自分をリセットし
エネルギーをチャージする
時間を大切にしたい。

若い頃に何度も行ったパリ。年を重ねた自分と同じように、あらゆるものに変化があり、知っている場所も、行くたびに違う発見があるはず。いつかまた、里帰りする気分で行きたいと思います。

海が好きです。
懐かしい地に想いを馳せながら、
水平線のかなたを眺めて。

暮らし方 6つのセオリー

THEORY (1) 「時々ジム」より「毎日歩く」。
習慣の積み重ねが、
体をつくり、美しさをつくる

(2) 何を食べるかは大事だけど
器にマットに盛り付けに、
おいしそうと思える工夫も大切

(3) 花、アロマ、香水……
心地よい香りと過ごすことが
心と体にいい影響をもたらす

(4) 物を増やすより、模様替えで
部屋を楽しむ。
掃除もできて一石二鳥よ

(5) 何が良くて何が悪いか、
自分の体に必要なものくらい
自分で決めましょう

(6) つま先から踏み出し、かかとで
着地。姿勢よく凛として歩く脚は
ハイヒールに勝るカッコよさ

CHAPTER

5

凛とした生き方

年齢を重ね、自信を失う女性が増えるけれど、
積み重ねてきた時間と経験は財産。
そして、今の自分が人生の中で一番の旬。
いつもそう思って、私は生きています。

人生を振り返りながら、心を前向きに

私は、日本文化がまだ色濃く残っていた下町の日本橋で生まれ育ち、学生時代の友人と結婚したのを機に、嫁ぎ先の家業である美容の道を歩き始めました。義母とパリに行ったのが１９６１年。23歳のときです。現地のメイクアップスクールやサロンで学び、その後、ファッションショーの美容を担当する仕事からスタートしました。当時はヘアとメイクを両方できる存在は珍しくて、仕事の場は広告や舞台などへと広がっていき、世界を飛び回りました。

印象深い仕事の一つに、東洋の神秘と称された、スーパーモデルの故・山口《やまぐち》小夜子《さよこ》さんのヘア・メイクがあります。真っ黒なストレートのボブヘア、陶器のようなマットな肌、切れ長なアイ・メイク、リップラインをくっきり描いた深紅の唇という「山口小夜子」を創りました。素顔の彼女は可憐な少女のようで、温和で繊細な人でしたが、ひとたび舞台に立つと、誰よりも強い存在感を放ちました。人は、自分という個性を認識し、自信を持つと、誰でも美しく輝けるのだと実感しました。

約25年前には、同世代女性のヘア、メイク、ファッションを応援するトータルサロン「KAWABE　LAB」を始めました。お客さまと話していると、皆さん、年とともに自分に自信を失くしているようです。

そんなとき「これまでの経験はすべてあなたの財産よ」と伝えます。自分の歩んできた道を振り返ることは、今の自分を成長させるために大切なこと。振り返れば必ず、輝いていた時期や自分に勇気をくれた出来事、苦いけれど示唆に富んだ経験がたくさんあるはずです。年を重ねたからこそ、人生経験をもっと大切に生かして、今の時間を楽しんでいく前向きな心を持ちたいものです。

年齢を重ね、いろいろな経験を生かして、いくつになっても健康で美しくいたいと願う女性を美容で支えていくことが、私のライフワークになりました。

生きている限り前向きに、そして自分の気分が上がる体験をしてもらいたい。そのヒントになることをお伝えしていきたい。自分自身も、身をもって実行していくことが、これからの大きなテーマになっています。

書斎の本棚には、
かつて手掛けた作品が
まとめられた
写真集がずらり。
時々見返しています。

国内外で称賛されたヘア・メイクの数々。
左上は、フェイ・ダナウェイに白塗りをした
1979年パルコ広告。
中央上は73年デヴィッド・ボウイに施した「ムーン・メイク」。
手前は世界を魅了した「小夜子メイク」。
中央は30代の私。

今の自分に自信を持つために

私の美容歴も、そろそろ60年になります。ファッションショーや映画、演劇、広告制作の現場でモデルやタレント、アーティストのヘア・メイクを手掛ける傍ら、都内に美容室を構え、そこに来てくださるお客さまと共に年を重ねてきました。また、身近な母親や仕事でお会いした先輩方の生き方、年齢を重ねていく過程を見てきたことが糧となり、大人のための美容に取り組もうと思ったのが50代。そして誕生したのが現在のサロン「KAWABE LAB」です。サロンには同業の娘が加わり、私にはない感性と感覚を存分に発揮してもらいながら、親子二代でがんばっています。

シニア世代には、若い人にはない、時を重ねることで得た大人ならではの美しさがあります。肌や髪、体形は変化していきますが、無理せず、上手に手入れをしながら付き合っていけば、誰でも元気でカッコいい、個性的な大人の女性になれます。

そして、いくつになっても若々しく、美しくあるために大切なのは、今の自分に自信を持つこと。一人一人に違う人生があるように、その人らしい美しさをつくる方法は異なりますが、髪や肌を整えたり、おしゃれをしてみようという気持ちは、本人が気付いていない心の老いを取り除き、自信を取り戻すきっかけになります。

サロンではヘアやメイク、エステ、ファッションアドバイスだけでなく、健康に大切な食、運動、メンタル、女性の体のこと、また介護体験を語り合うなど、さまざまなテーマを設け、プロの講師を招いた勉強会も開催しています。外見だけでなく、女性の心と向き合ってその人の美しさを引き出すことが、美容の仕事。それはとても奥深いものです。また、一人一人のお客さまから、私自身が経験したことのないライフワークや考え方などを学ばせていただき、私の仕事の幅を広げていただけたことも多々あります。

私は人が好き。自信を持って輝いていく女性たちが増えていくことを誇らしく、うれしく思います。

娘と生き、娘に学ぶことのぜいたく

ＫＡＷＡＢＥ　ＬＡＢは、娘のちがやと二人で運営をしています。サロンにいらしたお客さまには、まずカウンセリングをし、次に娘がメイクをして差し上げ、その後私がヘアを担当します。娘と一緒に仕事をする利点は、何よりも同じ感性を持っていること。その日のお客さまの心の動きを柔軟に感じ取るだけでなく、私が思っていることを微妙なニュアンスまでも理解して形にしてくれるので安心感があります。

仕事のキャリアでは私が先輩ですが、娘の感度には世代の違いならではの新鮮さがあって面白い。新しい物や流行など若い人の情報をキャッチするのが上手で、それをうまく大人のスキンケアやメイク、ファッションに積極的に取り入れているし、貪欲に勉強しています。だから私はものすごく刺激をもらっているのです。

二人とも、美容やファッションについて新しくて正しいことを伝えていくことに、使命感といっては大げさかもしれませんが、責任を持っているつもりです。その気持ちがあふれて、時々サロンや講演会のお客さまの前で

「〝きれい〟の力は健康や元気にもつながっていくね」

娘・ちがや
56歳

「女性はいくつになっても、〃その年齢の美しさ〃があるのよ」　母・サチコ 81歳

〝言い合い〟になっちゃうのですけれど、二人して一生懸命伝えるために、まとめようとしているだけなのです。「二人の掛け合いが面白い！」と名物のように言われていますが、これが本当の理由です。

たまに娘が、「こんなに優しい娘はいないよ。ずっとサチコさんをフォローしてきたこと、気付いているかなぁ？」とぼやくたび、はいはい、わかってますよ、と思っています。彼女を目の前にして真面目に答えるわけがないのですけれど、私の思考の幅を広げてくれ、引き出しを増やし、私のフォローもしてくれる、あなたはなくてはならない相棒。ぜいたくな仕事の仕方をさせてもらっていると、心の奥ではいつも感謝しています。

娘のちがやと二人で
女性を美しく変えていきます。
一番変わるのは、外見でなく心。

KAWABE LABができて約25年。
今もお客さまに学ぶことが多いのは、
ありがたいことです。

いくつになってもスタートライン

50代以上の女性が読んでいる雑誌「ハルメク」の企画で、読者モデルをヘア、メイク、ファッションのトータルで変身させたことがありました。60歳のその女性は、長かった親の介護が終わり、ふと目に留まったモデル募集の記事に、思い切って挑戦してみようと応募したのだそうです。撮影の当日、KAWABE LABにいらしたときはまだ自信なさそうにしていましたが、ヘアとメイクをしていくうちに、どんどん目が輝いていきました。最後は「来てよかった」と目に涙をためて、美しい最高の笑顔を見せてくれました。

人は、人の目によって磨かれます。私は仕事で、まだ無垢のモデルたちが、人に見られ賛美されて、ほんの1年2年できれいになっていくのを目にしてきました。褒められれば、それ以上にもっときれいになろうとがんばります。そういうことを見ていて、自分自身に挑戦していくことって大事だな思います。

誰でも、その人のいいものを持っています。でも、いいものも、磨かなければ意味がありません。だから、自分から挑戦していくことや、その先にある人との出会いで磨かれることに、積極的でありたいと思います。

人生100年時代、まだまだ先は長い。ならば、何歳であってもスタートラインに立ったと思って、死ぬまで諦めてはいけないんじゃないでしょうか。「今からでも変わることができる」ということを、私は美容という仕事で、お手伝いしていきたいと思います。

私は70代でグレイヘアになってから、生まれて初めてロングヘアにしました。おしゃれの幅がどんどん広がり、新しい自分を発見することは楽しいと思いました。何でも楽しむ。年を取るのも楽しむ。そういう気持ちを持つことは、心が輝く近道です。

年齢に、自分の可能性を縛られないで

自分がこんなに長生きするとは思っていませんでした。というのも、13歳のとき結核にかかり、ベッドに横たわるだけの静かな日々を過ごしたからです。その後、幸いにも完治し、今もこうして生きています。振り返ると、私の生き方の根底にあるのがこの経験です。明日は何があるかわからないという覚悟もあるからこそ、年齢に自分の可能性を縛られず、生きている限り前向きでありたいと思う気持ちが強くあるのかもしれません。

20代で美容家という仕事を得て、女性の〝美しさをつくる〟面白さに開眼し、世界を飛び回った時期もありました。母の介護を機に自宅サロンでの仕事に切り替え、一般女性と向き合うようになり、「心と体がともに健康であってこそ美しさを引き出せる」とあらためて学びました。そして80代になった今も変わらず仕事を続け、素敵に年を重ねていく生き方を学び続けています。

よく「もう若くないから」と、髪型やメイク、装いの雰囲気を変えることに消極的な方がいます。でも、それはもったいないこと。むしろ、おしゃれや美容は女性の心を即、元気にすることができる特効薬です。私も、少し気分がすぐれないときこそ口紅や洋服、小物の色を意識的に変えています。顔色が少しくすんで見える日は明るい色の服を着たり好きなコーディネートをしてみたりすることで、「素敵！」と自分に言い聞かせると、気分も上がり、その日を元気に過ごせます。そんなふうに、自分の心をコントロールできればそれでいいのです。年齢を理由に心の奥にある本当の想いにふたをせず、より豊かな日々を送りたいと思っています。

生き方 6つのセオリー

THEORY (1) 良いこともつらいことも
積み重ねてきた経験はすべて、
あなたの大切な財産です

(2) おしゃれをしようという気持ちが
心の老いを取り除き、
自信を持つきっかけをくれます

(3) 年齢を忘れてみません?
若返りはしないけれど、
ずっと若くいられるわよ

(4) いくつになっても人は輝く原石。
小さくていい、新しいことに
挑戦すれば、輝きだします

(5) 若い人の感性を
リスペクトする気持ちが、
自分を進化させます

(6) 諦めるか、できるように工夫するか、
それなら工夫することを
楽しんでしまう方がいい

おわりに

今年の元旦の席で、娘の次男に「さっちゃん、いくつになったの？」と聞かれ、電卓をたたいて出たのが「80」という数字でした。私は他人の年齢も、自分の実年齢も気にしたことがないのですが、さすがに80年生きてきた重みにショックを覚え、３日くらい落ち込みました。

実年齢の数字から連想することと、体年齢と精神年齢から連想することの差異はすごく大きくて、どちらに重きを置くかで考え方や行動、生き方などの方向性が大きく分かれてしまうことを実感しました。

「老い」と向き合うことは現実のことですが、健康のための小さな努力を重ねつつ、女性を輝かせるというライフワークを楽しみながら追求し、これからの毎日をいきいきと生きていきたいと思っています。

女性を美しく創《つく》る仕事は、今になって天職だったのかも！　と思えるようになりました。ファッションの仕事で手掛けたモデルたち、サロンにいらっしゃるお客さま、多くの女性たちに触れ合いながら学ばせていただき、女性の美の本質が少しわかるようになったと実感し始めたからなのだと思います。

最後に、雑誌「ハルメク」の連載で撮影とスタイリングを担当し、いつも叱咤激励してくれた娘と、協力してくださった方々に感謝いたします。

２０１９年10月　川邉サチコ

川邉サチコ

SACHIKO KAWABE

かわべ・さちこ　1938（昭和13）年、東京都生まれ。女子美術大学卒業。23歳で渡仏し、パリのメイクアップスクールで学ぶ。60年代、ディオール、サンローランなどのオートクチュールコレクション、三宅一生、芦田淳などのコレクションのヘア・メイクを担当。70年代から広告やテレビ、舞台などで女優、タレント、モデル、またデヴィッド・ボウイなど海外アーティストのイメージメイキングを担当。94年、大人のトータルビューティーサロン「川邉サチコ美容研究所（現在のKAWABE LAB）」を開設。現在は娘で美容家の川邉ちがやと共に同サロンを運営。著書に『ビューティ・ホロスコープ 自分が一番、おもしろい』（同文書院刊）、『HAPPY AGEING　これからの私に合うおしゃれ』川邉ちがや共著（日本文芸社刊）。

Instagram @chuanbiansachiko

KAWABE LAB
お問い合わせ
http://www.sachikokawabe.com
Instagram @kawabelab

※本書は、書き下ろし原稿と、
雑誌「ハルメク」2018年2月号～2019年9月号に連載した「マダムのつくり方」の記事を
大幅に加筆・訂正し、再構成したものです。

カッコよく年をとりなさい

グレイヘア・マダムが教える30のセオリー

2019年10月13日　第1刷発行
2019年11月12日　第2刷発行

著書
川邉サチコ

カバー写真
川邉ちがや

撮影
川邉ちがや、中西裕人、門間新弥

ブックデザイン
小林理子

編集
前田まき

発行人
宮澤孝夫

編集人
山岡朝子

発行所
株式会社ハルメク
〒162-0825
東京都新宿区神楽坂4-1-1
http://www.halmek.co.jp

電話
03-3261-1301（大代表）

印刷
図書印刷

ISBN　978-4-908762-11-6　C2077